SÜSSES BACKEN

Printed in the European Union.
ISBN 3-85049-108-0

L. Heiner

k.u.k. Hofzuckerbäcker

Inhaltsverzeichnis

Altwiener Nußtörtchen

ZUTATEN FÜR 4 TÖRTCHEN (10 CM DURCHMESSER) ODER EINE GROSSE TORTE

MÜRBTEIG:
siehe Rezeptregister

TRIESTINERMASSE:

10 dag Obers
9 dag Honig
11 dag Butter
2,5 dag Milch
17 dag Zucker
23 dag gehobelte Haselnüsse
7 dag ganze Haselnüsse
5 dag Brösel (Biskuit)
1 Ei

HERSTELLUNG

Tortenformboden mit ca. 7 mm Mürbteig auslegen und halb backen. Obers, Honig, Zucker, Milch, Butter aufkochen, gehobelte und ganze Haselnüsse und Brösel unterziehen, etwas abkühlen lassen und Ei einrühren. Tortenformen mit Masse auffüllen und bei 170° C goldbraun backen.

Ananasbombe

ZUTATEN

BISKUITTORTE:

5 Eier
15 dag Zucker
Vanillezucker
Salz
Zitronenabgeriebenes
12 dag Mehl
4 dag Maisstärke
8 dag Butter

Buttercreme siehe Rezeptregister

1/2 frische Ananas
Zucker
Maraschino
Saft 1/2 Zitrone
Schokolade und etwas Butter zum Überziehen
Kandierte Ananasstücke

HERSTELLUNG

BISKUITTORTE

Eier mit Zucker und Geschmackszutaten warm und kalt schlagen, Mehl, Maisstärke und zerlassene Butter einmelieren. In gebutterter, gemehlter Form bei 190° C ca. 30–35 min backen. Anschließend Oberseite mit Mehl bestauben, stürzen, 15 min liegen lassen, nochmals wenden und auskühlen lassen.

ANANASBOMBE

Ananas schälen, in Stücke schneiden und mit Zucker, Maraschino und Zitronensaft marinieren. Buttercreme mit Ananassaft und -stücken abschmecken. Biskuittorte in Tortenböden schneiden, mit Ananascreme zu einer Kuppel zusammensetzen, außen glatt verstreichen und kühlen. Aufgelöste Schokolade mit zerlassener Butter verdünnen, Bombe überziehen und mit kandierten Ananasstücken garnieren. Am besten schneidet man die Bombe, solange der Schokoladeüberzug noch nicht erstarrt ist, mit einem heißen Messer.

Apfelstrudel

ZUTATEN FÜR EINEN STRUDEL

STRUDELTEIG:

17 dag Mehl
ca. 8 dag Wasser
2 dag Öl
Salz

FÜLLE:

130 dag Äpfel
10 dag geröstete, gehobelte Mandeln
20 dag in Butterschmalz geröstete Brösel
15 dag Zucker
8 dag Rosinen
Zimt
Zitronenabgeriebenes
10 dag zerlassene Butter zum Bestreichen

HERSTELLUNG

Mehl, Salz, Öl und Wasser zu einem elastischen, zähen Teig kneten und rasten lassen. Semmelbrösel in Butterschmalz abrösten.
Strudelteig auf einem Tuch dünn ausziehen, mit Brösel und den anderen Zutaten bestreuen. Strudel einrollen, mit zerlassener Butter bestreichen und bei 200° C ca. 30 min backen. Zuckerzugabe, Bröselmenge und Backzeit sind stark von der Konsistenz der Äpfel abhängig.

Baumkuchenschnitte

ZUTATEN

Einen Baumkuchen von Ihrem Konditor mit ca. 50 dag

Sachermasse siehe Rezeptregister

SOUFFLEEBODEN:

2 Eiweiß
5 dag Zucker
7 dag Rohmarzipan
1 Eiweiß
5 dag Staubzucker
4 dag Mehl
Vanillezucker

CREME:

Halbe Menge Buttercreme aus dem Rezeptregister

5 dag Ananasscheiben
Saft 1/2 Zitrone
Marillenmarmelade
Tortengelee
gehobelte Haselnüsse

HERSTELLUNG

SOUFFLEEBODEN:

Eiweiß und Zucker zu Schnee schlagen. Rohmarzipan, Eiweiß, Staubzucker und Geschmackszutaten glattrühren, Schnee und Mehl einmelieren. Dünn auf Backpapier streichen und bei 200° C ca. 10–15 min hell backen.

CREME:

Buttercreme mit Zitronensaft und zerkleinerten Ananasscheiben abschmecken.

BAUMKUCHEN-SCHNITTE:

Sachermasse in dreieckige Streifen schneiden und mit Creme in den der Länge nach halbierten Baumkuchen einlegen. Auf Souffleeboden setzen, Oberfläche mit heißer Marillenmarmelade und Tortengelee abglänzen. Unteren Rand mit gehobelten Haselnüssen einstreuen, gut kühlen und vor dem Servieren in Schnitten schneiden.

Bischofsbrot

ZUTATEN

3 Eiweiß
6 dag Zucker
5 Dotter
5 dag kandierte Früchte
etwas Rum
2 dag gehackte Walnüsse
2 dag Rosinen
9 dag Mehl
4 dag zerlassene Butter
Zitronenabgeriebenes
Vanillezucker
Salz

HERSTELLUNG

Kandierte Früchte mit etwas Rum marinieren. Eiweiß mit etwas Zucker zu Schnee schlagen. Dotter und Geschmackszutaten mit dem restlichen Zucker schaumig rühren, Schnee unterziehen, Früchte, Walnüsse, Mehl und zerlassene Butter einmelieren. In gebutterter gemehlter Form bei 180° C ca. 35 min backen.

Biskuitroulade

ZUTATEN FÜR CA. 12 STÜCK

30 dag Ei (6 Stk.)
6 dag Dotter (3 Stk.)
15 dag Zucker
Vanillezucker
Prise Salz
Zitronenabgeriebenes
17 dag Mehl
Marillenmarmelade zum Füllen
Staubzucker

HERSTELLUNG

Eier, Dotter, Zucker und Geschmackszutaten zuerst warm, dann kalt schlagen und Mehl einmelieren. Masse ca. 1,5 cm dick auf Papier streichen, bei 220° C ca. 15 min backen. Mit der Oberfläche nach unten auf mit Kristallzucker bestreutes Papier stürzen, Papier abziehen, mit Marmelade bestreichen und fest einrollen. Eingewickelt auskühlen lassen, schneiden und anzuckern.

Brandteigkrapfen

ZUTATEN FÜR CA. 25 STÜCK

10 dag Milch
8 dag Butter
Salz
7,5 dag Mehl
3 Eier
1 Dotter

Oberscreme siehe Rezeptregister

HERSTELLUNG

Milch, Butter und Salz aufkochen, Mehl unter ständigem Rühren beigeben und rösten bis sich die Masse vom Kesselrand löst. Danach vom Herd nehmen und gerade soviel Eier und Dotter einrühren, daß die Masse beim Dressieren schöne Konturen behält.
Mit Sternröhrchen Krapfen auf Backpapier dressieren und bei 220° C, fallend auf 180° C, ca. 20–25 min backen. Nach dem Auskühlen aufschneiden und mit Oberscreme füllen.

Calvados-Torte

Esterhazyboden siehe Rezeptregister
Ribiselmarmelade

CALVADOS-ÄPFEL:

ca. 40 dag Apfelspalten
0,25 l Weißwein
7 dag Zucker
Saft einer halben Zitrone
3 dag Calvados

MOHNBODEN:

7 dag Zucker
5 dag Mehl
10 dag geriebener Mohn
10 dag Butter
10 dag Zucker
3 dag Dotter
3 dag Eiweiß
Salz
Vanillezucker
Zitronenabgeriebenes

CALVADOS-CREME:

0,125 l Apfelsaft
2 Stk. Dotter
4 dag Zucker
6 Blatt Gelatine
40 dag Schlagobers
4 dag Calvados

SCHAUMROSETTEN:

1 Eiweiß
5 dag Staubzucker

HERSTELLUNG:

MOHNBODEN

Eiweiß und Zucker zu Schnee schlagen. Mohn, Butter, Zucker und Geschmackszutaten schaumig rühren, Schnee unterziehen und Mehl einmelieren. In gebutterter Tortenform bei 180° C ca. 30 bis 40 min backen.

CALVADOS-ÄPFEL:

Apfelspalten mit Weißwein, Zucker und Zitronensaft leicht blanchieren, abkühlen, Calvados zugeben und einige Stunden ziehen lassen.

SCHAUMROSETTEN:

Eiweiß aufschlagen, Staubzucker nach und nach zugeben. Mit Sternröhrchen Rosetten auf Backpapier dressieren und im Backrohr bei 200° C abflämmen.

CALVADOS-CREME:

Gelatine in kaltem Wasser einweichen, ausdrücken und erwärmen.
Apfelsaft, Dotter, Zucker und Gelatine im Wasserbad unter ständigem Schlagen leicht erhitzen, dann kaltschlagen. Vor dem Erstarren zusammen mit dem Calvados in das geschlagene Obers einrühren.

CALVADOS-TORTE:

Esterhazyboden mit Ribiselmarmelade bestreichen und in Tortenform legen. Mohnboden auf ca. 2 cm Stärke zurechtschneiden und aufsetzen, die gerade hergestellte Calvadoscreme 1 cm aufstreichen, Calvadosäpfel einlegen und mit dem Rest der Creme auffüllen. Torte einige Stunden kühl absteifen lassen.
Vor dem Servieren aus der Form schneiden, Schaumrosetten mit Messer vorsichtig vom Papier heben und auf die Torte setzen.

Christstollen

ZUTATEN FÜR 2 STOLLEN

DAMPFL:

5 dag Milch
5 dag Germ
6 dag Mehl

SCHÜTTFLÜSSIGKEIT:

9 dag Milch
3 dag Rum
5 dag Staubzucker
2 Vanillezucker
Salz
Zitronenabgeriebenes

HAUPTTEIG:

50 dag Mehl
27 dag Butter
6 dag Zitronat
30 dag Rosinen
6 dag weiße Mandeln
25 dag Butterschmalz

GEWÜRZZUCKER:

Staubzucker, Vanillezucker, Zimt, Piment, Cardamom

HERSTELLUNG

Handwarme Milch mit Germ und Mehl zu einem Dampfl mischen, mit Mehl bestauben und warmstellen, bis sich in den Rissen Blasen bilden. Mehl, Butter und Schüttflüssigkeit zu Teig verarbeiten und würfelig geschnittenes Zitronat, Rosinen sowie geröstete, grob gehackte Mandeln darunterkneten. Fertigen Teig bei Raumtemperatur zugedeckt ca. 30 min rasten lassen, zusammenstoßen, in 2 Kugeln teilen und nochmals 15 min gehen lassen. Danach Stollen formen, wobei ein Teil der Teigrolle mit dem Rollholz flachgedrückt und nach oben geklappt wird. Nochmals 15 min garen lassen. Bei 220° C 8 min anbacken, bei 170° C 40 min ausbacken. Sofort nach dem Backen mit heißem Butterschmalz satt einstreichen und dick mit Geruchszucker besieben.

Cremeschnitte

ZUTATEN

BUTTERTEIG:

Nehmen Sie die halbe Rezeptmenge aus dem Rezeptregister

OBERSCREME:

20 dag Milch
4 dag Zucker
2 dag Cremepulver
2 Dotter
Vanillezucker
Prise Salz
0,5 l Obers
Ribiselmarmelade
Fondant

HERSTELLUNG

Ca. 50 dag Butterteig 2,5 mm stark ausrollen, am Blech mit einer Gabel stupfen, rasten lassen und bei 220° C, fallend auf 180° C, ausbacken. Cremepulver mit etwas Zucker vermischen und mit wenig Milch verrühren. Restliche Milch mit Zucker und Geschmackszutaten aufkochen, Cremepulvergemisch einrühren und aufwallen lassen. Unter ständigem Rühren abkühlen und unter das geschlagene Obers ziehen. Ausgekühlten Butterteig in drei Teile schneiden, ein Drittel mit Ribiselmarmelade bestreichen, abwechselnd mit Oberscreme und Butterteigblättern zusammensetzen. Oberfläche mit heißer Ribiselmarmelade bestreichen und mit dünnem Fondant glasieren.

Dessert 2000

Phantasiekreationen aus den verschiedenen Rezepten dieses Buches, wie sie vielleicht im Jahre 2000 aussehen werden.
Viel Spaß beim Selberkomponieren.
Biskuitroulade siehe Rezeptregister
Baumkuchen siehe Rezeptregister
Schermasse und Biskuitmasse siehe Rezeptregister
Marzipan für die Dekoration siehe Rezeptregister

Diabetiker-Schokoladetorte

ZUTATEN FÜR EINE TORTE

SCHOKOMASSE:

- *4 Eiweiß*
- *14 dag Sorbisan*
- *11 dag Butter*
- *4 Dotter*
- *8,5 dag Diabetiker-Backmehl*
- *3 dag Diabetikerschokolade*
- *0,3 dag Backpulver*
- *Salz*
- *Zitronenabgeriebenes*

CREME:

- *10 dag Milch*
- *2 Dotter*
- *7 dag Sorbisan*
- *2 Blatt Gelatine*
- *3 dag Diabetikerschokolade*
- *15 dag Butter*

ZUM GARNIEREN:

- *3 dag Diabetikerschokolade*
- *3 dag gehobelte Haselnüsse*

HERSTELLUNG

SCHOKOMASSE:
Eiweiß mit 2/3 Sorbisan zu Schnee schlagen. Butter mit restlichem Sorbisan und Geschmackszutaten schaumig rühren, aufgelöste Schokolade und Schnee unterziehen, Mehl mit Backpulver einmelieren, in gebutterter Form bei 180° C ca. 45 min backen.

CREME:
Gelatine in kalter Milch einweichen, Sorbisan und Dotter verrühren, zusammenmischen, aufgelöste Schokolade beigeben und unter ständigem Rühren auf ca. 80° C erhitzen. Abkühlen und mit weicher Butter schaumig rühren.

DIABETIKER-SCHOKOTORTE:
Schokolademasse zweimal waagrecht schneiden, mit Schokocreme füllen und verstreichen. 12 Stücke einteilen, Rosetten spritzen, mit Diabetikerschokolade verzieren und mit Haselnüssen einstreuen.
Ein Tortenstück enthält:
8 g Eiweiß
24 g Fett
24 g Kohlenhydrate
18 g Sorbit
1418 Joule
1,83 BE unter Berechnung von Sorbit und Fructose
0,45 BE ohne Berechnung von Sorbit und Fructose
Vorsicht: Sorbisan kann in einzelnen Fällen abführend wirken.

Diabetiker-Teebäckerei

ZITRONENBUSSERL: ZUTATEN

3 Eier
12 dag Fruchtzucker
Abgeriebenes einer Zitrone
Prise Salz
20 dag Mehl
10 dag Butter
18 dag Diabetikerschokolade
2 dag gehackte Mandeln

HERSTELLUNG

Eier, Fruchtzucker und Geschmackszutaten über Dampf warm, dann kalt schlagen, Mehl und zerlassene Butter einrühren, Busserl auf Backpapier dressieren und bei 170° C ca. 10 min backen. Nach dem Auskühlen mit Diabetikerschokolade tunken und mit gehackten Mandeln bestreuen.

SCHOKO-ROSETTEN: ZUTATEN

17 dag Butter
7 dag Fruchtzucker
2 dag Obers
2 dag Mehl
4 dag Diabetikerschokolade
Zitronenabgeriebenes
Salz

HERSTELLUNG

Butter, Fruchtzucker und Geschmackszutaten schaumig rühren, flüssiges Obers und Mehl einrühren, Diabetikerschokolade fein gehackt daruntermischen. Mit Sternröhrchen kleine Rosetten auf Backpapier dressieren und bei 170° C ca. 15 min backen.

HASELNUSSPLÄTZCHEN: ZUTATEN

13 dag Butter
6 dag Fruchtzucker
1 Ei
1 Dotter
20 dag Mehl
8 dag gehackte, geröstete Haselnüsse
Zitronenabgeriebenes
Vanillearoma
Salz, Zimt

HERSTELLUNG

Aus allen Zutaten einen Teig kneten, einen quaderförmigen langen Strang formen und gut kühlen. Ca. 5 mm starke Scheiben schneiden und auf Backpapier bei 170° C ca. 10 min backen.

MANDELBISKOTTEN: ZUTATEN

13 dag Diabetiker-Rohmarzipan
3 Eiweiß
6 dag Fruchtzucker
6 dag Mehl
4 dag fein gehackte Mandeln
1 Eiweiß
7 dag Diabetiker-Nougat
8 dag Diabetikerschokolade
Prise Salz

HERSTELLUNG

Diabetiker-Rohmarzipan, Fruchtzucker, Eiweiß und Geschmackszutaten glatt und etwas schaumig rühren, Schnee von einem Eiweiß einmelieren, Mehl und 3/4 der fein gehackten Mandeln einrühren. Kleine Biskotten auf Backpapier dressieren und bei 170° C ca. 10 min backen. Nach dem Auskühlen mit leicht erwärmtem Diabetiker-Nougat doublieren, in Diabetikerschokolade tunken und mit restlichen Mandeln bestreuen.

QUITTENKRAPFERL: ZUTATEN

70 dag Diabetikermarzipan
15 dag Quittenmark
4 dag Fruchtzucker

HERSTELLUNG

Aus Diabetikermarzipan Kugeln formen, auf Backpapier setzen, flach drücken und mit einem Messerrücken riffeln. Quittenmark mit Fruchtzucker bis zur Geleeprobe kochen. Marzipanplätzchen eindrücken und mit Quittengelee füllen. Bei 200° C kurz überbräunen.

100 g enthalten:	Eiweiß g	Fett g	Kohlenhydrate g	Fructose g	Joule	BE
Haselnußplätzchen	8,80	36,10	48,00	13,90	2337	4,00
Zitronenbusserln	9,40	28,00	52,50	28,00	2116	4,40
Mandelzungen	11,70	24,40	32,90	38,50	1772	3,20
Schokorosetten	6,30	37,40	53,20	18,60	2433	4,40
Quittenkrapferl	9,70	30,70	37,50	34,60	1969	3,10

Dobostorte

ZUTATEN FÜR EINE TORTE

DOBOSBÖDEN:

7 Eiweiß
18 dag Zucker
7 Dotter
13 dag Mehl
6 dag Butter
Salz
Vanillezucker
Zitronenabgeriebenes

SCHOKOBUTTER-CREME:

Buttercreme siehe Rezeptregister

10 dag Schokolade
Rum

DOBOSGLASUR:

15 dag Zucker
0,5 dag Butter

HERSTELLUNG

DOBOSBÖDEN:

Eiweiß und Zucker zu Schnee schlagen. Dotter und Geschmackszutaten schaumig rühren, Mehl und zerlassene Butter einmelieren. Auf gefettete gestaubte Bleche sechs 5 mm dünne Tortenböden streichen und bei 210° C ca. 10 min goldbraun backen. Noch heiß mit einem dünnen Messer vom Blech lösen und auskühlen.

SCHOKOBUTTER-CREME:

Aufgelöste Schokolade und etwas Rum in die Buttercreme rühren.

DOBOSTORTE:

Das schönste Dobosblatt zum Glasieren aussortieren, restliche mit Schokobuttercreme zusammensetzen und Torte ausfertigen.
Zucker auf kleiner Flamme unter ständigem Rühren schmelzen, Butter hinzufügen, auf das vorbereitete Dobosblatt streichen und sofort mit einem eingeölten Messer in Stücke teilen. Nach dem Erkalten fächerartig auf die Torte legen.

Erdbeerjoghurt-Bombe

ZUTATEN

Sacherboden siehe Rezeptregister

Erdbeermarmelade

ERDBEERGELEE:

20 dag Erdbeermark
8 dag Staubzucker
Saft 1/2 Zitrone
5 Blatt Gelatine

ERDBEERJOGHURT-CREME:

0,5 l Obers
0,25 l Joghurt
15 dag Erdbeerjam
15 dag frische Erdbeeren
Saft 1/2 Zitrone
6 dag Staubzucker
10 Blatt Gelatine
Obers zum Garnieren

HERSTELLUNG

ERDBEERGELEE:
Gelatine in kaltem Wasser einweichen, ausdrücken, mit den restlichen Zutaten erwärmen und in einer flachen Schüssel gelieren lassen.

ERDBEERJOGHURT-CREME:
Gelatine in kaltem Wasser einweichen, ausdrücken und erwärmen.
Joghurt, Erdbeerjam, zerkleinerte Erdbeeren, Staubzucker und Zitronensaft vermischen, aufgelöste heiße Gelatine einrühren und unter das geschlagene Obers ziehen.

ERDBEERJOGHURT-BOMBE:
Erdbeerjoghurtcreme zur Hälfte in eine Kuppelform füllen, Erdbeergelee einlegen, mit restlicher Creme auffüllen und den mit Erdbeermarmelade bestrichenen Sacherboden auflegen. Einige Stunden kühl stellen, vorsichtig stürzen und mit Schlagobers garnieren.

Esterhazytorte

ZUTATEN FÜR EINE TORTE

ESTERHAZYBÖDEN:

25 dag Eiweiß
23 dag Zucker
25 dag geriebene Walnüsse
5 dag Mehl
5 dag Butter

CREME:

20 dag Milch
7 dag Zucker
3 dag Cremepulver
2 Dotter
Salz
Vanillezucker
0,25 l Obers
Marillenmarmelade
Fondant
Schokolade
gehobelte, geröstete Haselnüsse

HERSTELLUNG

ESTERHAZYBÖDEN:
Eiweiß und Zucker zu Schnee schlagen, Walnüsse, Mehl und zum Schluß zerlassene Butter einmelieren. 6 dünne Böden auf Backpapier streichen und bei 210° C ca. 15–20 min backen.

CREME:
Cremepulver mit etwas Zucker vermischen, mit wenig kalter Milch und Dotter verrühren. Restliche Milch mit Zucker und Vanillezucker aufkochen, Cremepulvergemisch einrühren und aufwallen lassen. Nach dem Abkühlen geschlagenes Obers unterziehen.

ESTERHAZYTORTE:
Esterhazyböden abwechselnd mit Creme zusammensetzen, nur seitlich einstreichen und kühlen. Oberstes Blatt mit aufgekochter Marillenmarmelade überziehen, mit Fondant glasieren, wobei in die noch weiche Glasur zuerst dünne Schokoladestreifen dressiert und diese dann quer mit einem Messer durchzogen werden, daß das charakteristische Esterhazymuster entsteht. Torte seitlich mit gerösteten gehobelten Haselnüssen einstreuen.

Florentiner

ZUTATEN FÜR 13 STÜCK

10 dag Zucker
8 dag Obers
3 dag Butter
1 dag Sirup
10 dag Dickzucker – Orangenschalen
10 dag gehobelte Mandeln
5 dag Mehl
Schokolade für Überzug

HERSTELLUNG

Obers, Butter, Zucker und Sirup aufkochen, gehackte Orangenschalen, Mandeln und Mehl unterrühren.
Auf befettetes Blech 13 Häufchen geben und auf ca. 10 cm große Scheiben flachdrücken. Bei ca. 200° C backen. Abgekühlte Florentiner mit Spachtel vom Blech heben und Unterseite mit Schokolade bestreichen, nochmals mit Schokolade überziehen und sofort mit einem Kamm das charakteristische Muster streichen.

Früchtebrot

ZUTATEN FÜR 7 STUCK
50 dag Beugelteig aus dem Rezeptregister

FRÜCHTEMASSE:

18 dag Arancini
27 dag Rosinen
15 dag Dörrzwetschken
13 dag Feigen
10 dag Datteln
6 dag Quittenkäse
5 dag Haselnüsse
3 dag Walnüsse
8 dag Zitronat
Rum
Vanillezucker
Zimt

ZUM BELEGEN:

kandierte Kirschen
blanchierte Mandeln
Angelika

HERSTELLUNG

Alle Zutaten in kleine Stücke schneiden, mischen und einige Tage ziehenlassen.
Früchtemasse in Portionen teilen, zu Broten formen, mit ausgerolltem Beugelteig umhüllen, zweimal mit Dotter bestreichen und gut abtrocknen lassen. Mit Belegfrüchten verzieren und bei 190° C ca. 15–20 min backen.

Fruchttorte Fruchtschnitte

ZUTATEN
2 Biskuitböden siehe Rezeptregister

CREME:
Buttercreme von der halben Menge (siehe Rezeptregister)

5 dag Erdbeeren
Saft 1/2 Zitrone
Früchte zum Belegen
Tortengelee
gehobelte Haselnüsse

HERSTELLUNG
Buttercreme mit zerkleinerten Erdbeeren und Zitronensaft abschmecken. Biskuitböden mit Erdbeercreme dünn zusammensetzen, in Tortenform geben und mit Früchten belegen. Mit Tortengelee übergießen und nach dem Ausstocken aus der Fom schneiden.
Seitlich mit gehobelten Haselnüssen einstreuen.

Erdbeerschnitten

ZUTATEN FÜR 15 SCHNITTEN

BISKUITFLECK:
4 Eier
10 dag Zucker
13 dag Mehl
3 dag Reisstärke
3 dag zerlassene Butter
Zitronenabgeriebenes
Vanillezucker
Salz

CREME:
siehe oben

65 dag frische Erdbeeren
Tortengelee
6 dag gehobelte Haselnüsse

HERSTELLUNG

BISKUITFLECK:
Eier mit Zucker und Geschmackszutaten warm, und kalt aufschlagen, Mehl, Maisstärke und zerlassene Butter einmelieren. 1 cm dick auf Backpapier streichen, bei 210 C ca. 15 min. backen und nach dem Abkühlen das Papier abziehen.

ERDBEERSCHNITTEN
Biskuitfleck in 10 cm breite Streifen schneiden, je zwei mit dünner Schichte Creme zusammensetzen und verstreichen. Oberfläche mit Erdbeeren belegen, mit Tortengelee abglänzen und seitlich mit gehobelten gerösteten Haselnüssen einstreuen. Gut kühlen und in Schnitten schneiden.

Gänsefußtorte

ZUTATEN
Sacherboden siehe Rezeptregister

SCHOKOBUTTER-CREME:
Buttercreme siehe Rezeptregister

12 dag Schokolade
5 dag Ribiselmarmelade
20 dag Weinbrandweichseln
Schokolade
etwas Butter

HERSTELLUNG
Sacherboden dünn mit Marmelade bestreichen, in 1 cm Schokocreme Weinbrandweichseln einlegen, mit Creme abdecken und glattstreichen.
Aufgelöste Schokolade mit zerlassener Butter vermengen. Torte überziehen und sofort mit einer Gabel das charakteristische Muster eindrücken.

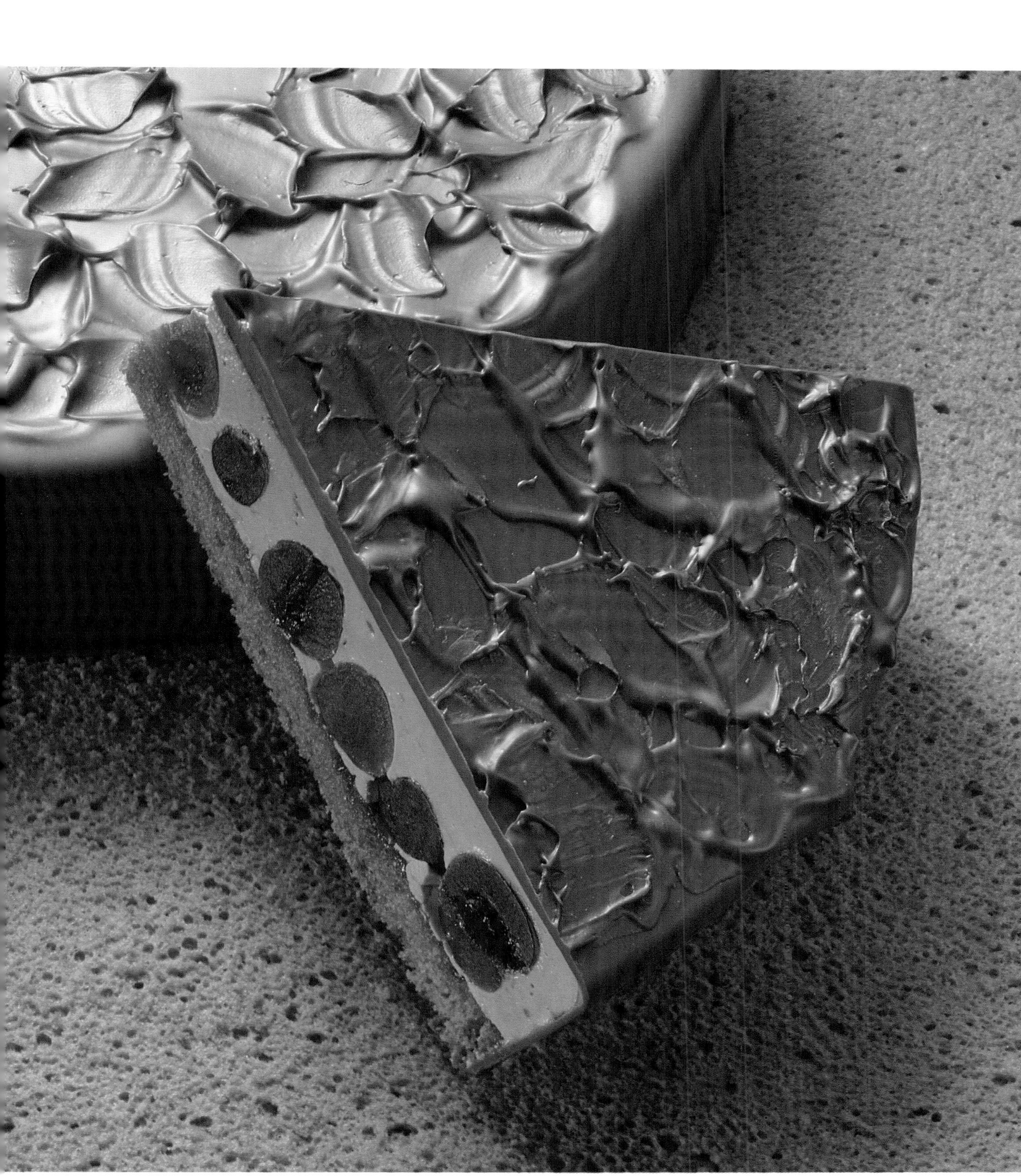

Grillageschifferl

ZUTATEN
Schifferl siehe Rezeptregister

GRILLAGE:

8 dag geriebene weiße Mandeln
12 dag Zucker

CAFECREME:
Buttercreme siehe Rezeptregister

Löscafe
etwas Wasser

GLASUR:

Fondant
Löscafe
etwas Wasser

HERSTELLUNG

GRILLAGE:
Zucker schmelzen, geriebene Mandeln einrühren und sofort auf ein geöltes heißes Blech gießen.
Für Grillageschifferl gleich mit einem geölten Rollholz dünn ausrollen, nochmals im Rohr erhitzen, mit einem geölten Messer in 1 cm breite Streifen schneiden und sofort um eine Schifferlform gelegt, die Enden zusammengepreßt auskühlen lassen.

CAFECREME:
Buttercreme mit in Wasser gelöstem Löscafe abschmecken.

GRILLAGESCHIFFERL:
Schifferlförmige Grillagestreifen auf die gebakkenen Schifferl setzen, bis knapp unter den Rand mit Cafecreme füllen und mit kühlem Cafefondant abdecken.

Gugelhupf, Kaisergugelhupf

ZUTATEN

20 dag Butter
20 dag Zucker
20 dag Mehl
20 dag Eier (4 Stück)
Rum
Salz
Vanillezucker
Zitronenabgeriebenes

zusätzlich für Kaisergugelhupf

4 dag Walnüsse
4 dag Schokolade

HERSTELLUNG

Weiche Butter mit Zucker, Rum, Salz, Vanillezucker und Zitrone schaumig rühren und Ei nach und nach beigeben, Mehl unterziehen. In gebutterte Form füllen, bei 180° C ca. 50 min backen.
Für Kaisergugelhupf werden Walnuß- und Schokoladestückchen unter das Mehl gemischt.

Heiner-Haustorte

ZUTATEN FÜR EINE TORTE

Esterhazyboden siehe Rezeptregister

DOBOSBÖDEN:

5 Eiweiß
13 dag Zucker
5 Dotter
9 dag Mehl
5 dag Butter
1 dag geriebene, geröstete Haselnüsse
0,5 dag Kakao
Salz
1 Vanillezucker
Zitronenabgeriebenes
Marillenmarmelade
Apricot

HAUSTORTENCREME:

50 dag Obers
12 dag Milchschokolade

HERSTELLUNG DOBOSBÖDEN:

Eiweiß und Zucker zu Schnee schlagen. Dotter und Geschmackszutaten schaumig rühren, Mehl und zerlassene Butter einmelieren. Von der hellen Masse vorerst einen 5 mm dünnen Tortenboden auf ein gefettetes gestaubtes Blech streichen, dann Haselnüsse und Kakao unter die restliche Masse ziehen und drei weitere Böden streichen. Bei 210° C ca. 10 min backen. Danach sofort mit dünnem Messer vom Backblech lösen und abkühlen.

HAUSTORTENCREME:

Milchschokolade im Wasserbad schmelzen, kalt rühren, aber noch flüssig unter das geschlagene Obers ziehen.

HEINER-HAUSTORTE:

Einen Esterhazyboden mit Marillenmarmelade bestreichen und den hellen Dobosboden aufsetzen, Haustortencreme abwechselnd mit Apricot-getränkten dunklen Dobosböden aufstreichen. Torte mit restlicher Creme einstreichen und garnieren. Vor dem Aufschneiden gut kühlen.

L.Heiner
WIEN

Hochzeitstorte

ZUTATEN
Torten nach Wahl siehe Rezeptregister

Fondant zum Glasieren
Marzipanrosen
Marzipanknospen
Marzipanblätter
Tortengestell 5-stöckig

Fünf Torten nach Wahl in der entsprechenden Größe herstellen, mit weißem Fondant überziehen, auf Tortengestell stellen und mit Marzipandekor schmücken.

Indianer

ZUTATEN FÜR 15 STÜCK

INDIANERBISKUIT-MASSE (CA. 30 HÜLSEN):

5 Eiweiß
4 Dotter
1 Kaffeelöffel Wasser
7 dag Zucker
5 dag Mehl
5 dag Kartoffelstärke
Prise Salz
Zitronenabgeriebenes
Vanillezucker

FÜLLUNG:

1 l Obers

ÜBERZUG:

Marillenmarmelade
Schokoladefondant

HERSTELLUNG

Eiweiß und Zucker zu einem halbflüssigen Schnee schlagen, Kartoffelstärke hinzufügen und steif schlagen.
Dotter, Wasser, Salz, Zitronenabgeriebenes und Vanillezucker glattrühren, vorsichtig unter den Schnee heben und das Mehl kurz unterziehen.
Mit Dressiersack ca. 5 cm große Halbkugeln auf Papier dressieren, mit Mehl bestäuben und bei ca. 190° C und eingehängtem Rohr (Türl leicht geöffnet) etwa 25 min backen.
Die gebackenen Biskuithalbkugeln aushöhlen, außen mit aufgekochter Marillenmarmelade bestreichen und mit Schokoladefondant überziehen.
Je zwei Hälften mit frisch geschlagenem Obers füllen.

Kardinalschnitte

ZUTATEN FÜR 6–8 STÜCK:

EIWEISSMASSE:

15 dag Eiweiß (5 Stk.)
10 dag Zucker
Prise Salz

DOTTERMASSE:

4 dag Dotter (2 Stk.)
4 dag Ei (1 Stk.)
4 dag Zucker
4 dag Mehl
Prise Salz
Vanillezucker
Staubzucker
Marmelade

HERSTELLUNG

Eiweiß mit Zucker und Salz steifschlagen, mit Dressiersack (großes glattes Röhrchen verwenden) im Abstand von ca. 3 cm nebeneinander drei Streifen auf Papier dressieren.

Dotter, Ei und Zucker, Salz und Vanillezucker schaumig rühren und das Mehl unterziehen. Diese Masse zwischen die Eiweißstreifen dressieren und leicht mit Staubzucker besieben, ca. 20 min bei 200° C backen. Nach dem Erkalten umwenden, das Papier mit Wasser benetzen und vorsichtig abziehen. Streifen in zwei Teile schneiden. Auf einen Teil Marmelade dressieren und zweiten Teil so aufsetzen, daß die Kruste oben ist. Bezuckern und in Stücke schneiden.

Käsebäckerei

ZUTATEN FÜR CA. 1 KG

TEIG:

36 dag Mehl
10 dag Maisstärke
30 dag Butter
14 dag Emmentalerkäse
20 dag Purbonkäse
0,8 dag Salz
0,8 dag Paprikagewürz
0,1 dag Backpulver

DEKOR:

Eistreich (Ei und Wasser)
Walnüsse
Mohn
Mandeln

HERSTELLUNG

Zutaten zu Teig verarbeiten, kühl stellen, ca. 6 mm stark ausrollen und Plätzchen ausstechen. Auf Blech setzen, vorsichtig mit Ei bestreichen und mit Mohn, Mandeln oder Walnüssen belegen. Bei 180° C backen.

Kasperlkopf

ZUTATEN FÜR CA. 15 STÜCK

Indianerbiskuitmasse:
siehe Rezeptregister

Parisercreme
siehe Rezeptregister

Marzipan
Eistüten
Schokolade
Zuckerstreusel
Lebensmittelfarben

HERSTELLUNG

Köpfe wie Marzipankartoffel (siehe Rezeptregister) herstellen, jedoch nicht in Kakao wälzen, sondern mit Lebensmittelfarben und Marzipan Gesicht gestalten. Eistüten mit Schokolade und Zuckerstreusel verzieren, mit Schokolade Haare spritzen und Tüten gleich aufsetzen.

Kastanienschnitte

ZUTATEN FÜR 10 STÜCK

Sachermasse siehe Rezeptregister

10 dag Ribiselmarmelade

30 dag Maronipüree siehe Rezeptregister

5 dag Schokolade

5 dag Obers

0,5 l Obers

Schokoladespäne

HERSTELLUNG

Aus Schokolade und Obers eine Parisercreme kochen und abkühlen. Sachermasse auf Backpapier ca. 15 mm dick ausstreichen und bei 200° C ca. 20–25 min backen. Nach dem Abkühlen zwei längliche Streifen schneiden, mit Marmelade zusammensetzen, mit Parisercreme dünn bestreichen und drei Streifen Maronipüree aufdressieren. Mit restlicher Parisercreme verstreichen, mit geschlagenem Obers umhüllen und mit Schokoladespänen und spaghettiartig gepreßtem Maronipüree verzieren. Vor dem Servieren in schmale Stücke schneiden.

Kiwitorte

ZUTATEN
2 Biskuitböden siehe Rezeptregister

KIWICREME:

35 dag Obers
2 Dotter
4 dag Staubzucker
2 Stk. Kiwi
Saft 1/2 Zitrone
6 Blatt Gelatine

Biskotten von halber Masse siehe Rezeptregister

Erdbeeren und Kiwi zum Belegen
Tortengelee

HERSTELLUNG

KIWICREME:
Dotter mit Staubzucker schaumig rühren. Kiwi schälen, passieren, Kerne entfernen und Zitronensaft beigeben. Dotterabtrieb, passierte Kiwi und gelöste heiße Gelatine vermischen und unter das geschlagene Obers heben.

KIWITORTE
Einen Biskuitboden in Tortenform einlegen, Kiwicreme einfüllen und gut kühlen. Aus der Form schneiden, mit geschlagenem Obers verstreichen, mit Kiwischeiben und Erdbeeren belegen und mit Tortengelee abglänzen. Tortenrand mit Biskotten umstellen.

Kokos-Schokokugeln

ZUTATEN FÜR CA. 50 DAG

8 dag Butter
6 dag Staubzucker
20 dag geriebene Schokolade
1/2 Eßlöffel Kakao
8 dag geriebene Mandeln oder Kokosette
5 dag gehackte Mandeln
2 Eßlöffel Cognac
Kokosette zum Wälzen

Alle Zutaten in einem Kessel zu einer festen Masse vermengen. Kugeln formen und in Kokosette rollen.

Faschingskrapfen

ZUTATEN FÜR 30 STÜCK

GRUNDREZEPT

DAMPFL:

10 dag warme Milch
6 dag Germ
10 dag Mehl
Restliche Zutaten:
55 dag Mehl
15 dag warme Milch
2 dag Rum
10 dag zerlassene Butter
12 dag Dotter (5 Stk.)
8 dag Staubzucker
1 dag Muskatblüte
1,3 dag Salz
Vanillezucker

HERSTELLUNG

Aus Milch, Germ und Mehl Dampfl herstellen und bis zur doppelten Größe gehenlassen. Dampfl und restliche Zutaten zu Teig verarbeiten, kurz rasten lassen und in 30 Teile teilen. Teigstücke mit flacher Hand zu Kugeln schleifen, auf Tücher legen, zudecken und gären lassen. (30° C–33° C) In Frittierfett auf beiden Seiten backen (höchstens 175° C).

FASCHINGSKRAPFEN:

Mit Marillenmarmelade füllen (einspritzen), anzukern.

Bauernkrapfen

5 dag geriebene Haselnüsse
Zimt, Muskatblüte und Ingwer für den Teig
75 dag Powidl
Zimt
Marillenmarmelade
20 dag Fondant
5 dag Honig

Krapfen wie Grundrezept, nur unter Zugabe von geriebenen Haselnüssen herstellen und backen. Powidl mit Zimt abschmecken und in Krapfen spritzen. Mit Marillenmarmelade überziehen und mit Honigfondant schnurartig verzieren.

Vanillekrapfen

CREME:

16 dag Milch
3,5 dag Zucker
2 dag Cremepulver
1 Dotter
Vanillezucker
Prise Salz und etwas Rum
1 Tropfen Bittermandelöl
25 dag Obers

Marmelade, Fondant

HERSTELLUNG

Cremepulver und etwas Zucker vermischen, mit wenig Milch und Dotter verrühren. Restliche Milch mit Zucker und Geschmackszutaten aufkochen. Cremepulvergemisch einrühren und aufwallen lassen, unter ständigem Rühren auskühlen und unter das geschlagene Obers ziehen.
Krapfen mit Vanilleoberscreme füllen, mit Marmelade und Fondant glacieren.

Lebkuchen

ZUTATEN:

50 dag Honig
35 dag Mehl
15 dag Roggenmehl
10 dag geriebene Mandeln
0,8 dag Lebkuchengewürz
0,4 dag Ammonium
0,2 dag Pottasche
Gummi Arabicum zum Abglänzen

SPRITZGLASUR:

1 Eiweiß
Puderzucker

HERSTELLUNG

Honig auf 45° C erwärmen, mit Mehl, Mandeln und Lebkuchengewürz zu einem Teig mischen und diesen mindestens drei Tage stehen lassen. Ammonium und Pottasche in wenig Wasser oder Eiweiß getrennt auflösen und dem Teig beimischen, ca. 5 mm dick ausrollen und Backprobe machen. Bei Bedarf den Teig durch Mehl-, Eiweiß- oder Treibmittelzugabe verändern. Gewünschte Figuren ausstechen, die Oberfläche dünn mit Wasser bestreichen und mit Mandeln oder Nüssen belegen. Bei 220° C ca. 10 min backen, noch heiß mit Gummi Arabicum abglänzen. Mit Eiweißspritzglasur garnieren.

EIWEISSSPRITZ-GLASUR:

Ein Eiweiß mit Puderzucker schaumig rühren, Zuckermenge langsam erhöhen bis sehr steife Eiweißspritzglasur entsteht. Mit Lebensmittelfarben nach Wunsch färben.

Linzertorte

ZUTATEN FÜR 3 TÖRTCHEN (MÜRBTEIG):

LINZERTEIG:

8 dag Staubzucker
16 dag Butter
24 dag Mehl
Salz
Vanillezucker
Zitronenabgeriebenes

LINZERMASSE:

6 dag Staubzucker
12 dag Butter
18 dag Mehl
1 Ei
Salz
Vanillezucker
Zitronenabgeriebenes
Ribiselmarmelade
Ei zum Bestreichen

HERSTELLUNG

Teig kneten, rasten lassen, drei Tortenreifen (15 cm) ausfüllen, stupfen, bei 170° C ca. 10 min halb backen und auskühlen lassen.
Halbgebackenen Linzerteig mit Marmelade bestreichen. Butter, Staubzucker unter kleinweiser Zugabe des Eies schaumig rühren und Mehl einmelieren. Linzermasse so aufdressieren, daß innen das typische Gittermuster entsteht. Mit Ei bestreichen und bei 180° C ca. 15 min goldbraun backen.

Luxembourgerli

ZUTATEN

- *35 dag fein geriebene weiße Mandeln*
- *35 dag Staubzucker*
- *15 dag Eiweiß*
- *25 dag Zucker*
- *12 dag Eiweiß*
- *3 dag Zucker*

COGNACBUTTERCREME:

- *15 dag Milch*
- *3 dag Zucker*
- *2 dag Cremepulver*
- *2 Dotter*
- *Vanillezucker*
- *Prise Salz*
- *15 dag Butter*
- *2 dag Staubzucker*
- *4 dag Cognac*

Geriebene weiße Mandeln mit Eiweiß melangieren.
25 dag Zucker zum schwachen Ballen kochen. Eiweiß mit Zucker zu Schnee schlagen, heißen Zucker einlaufen lassen und kaltschlagen. Eiweißschaummasse vorsichtig unter die Mandelmasse mischen. Mit glattem Röhrchen ca. 3 cm große Plätzchen auf Backpapier dressieren und bei 170° C ca. 20 min sehr hell backen.
Cremepulver mit etwas Zucker vermischen, mit wenig kalter Milch und Dotter verrühren. Restliche Milch mit Zucker und Vanillezucker aufkochen, Cremepulvergemisch einrühren, kurz aufwallen und unter ständigem Rühren erkalten lassen. Butter mit Staubzucker und Cognac unter kleinweiser Beigabe der Vanillecreme schaumig rühren.
Abgekühlte Luxembourgerlihälften mit Cognacbuttercreme zusammensetzen.

Makronen-Hahn
Makronen-Hase

ZUTATEN

30 dag fein geriebene Haselnüsse
30 dag Staubzucker
Eiweiß nach Bedarf
Schokolade und Marzipan zum Verzieren

HERSTELLUNG

Haselnüsse und Staubzucker mit soviel Eiweiß mischen, daß eine feste Masse entsteht. Diese Masse einen Tag stehen lassen, dann mit Eiweiß dressierfähig rühren und mit glattem Röhrchen auf Backpapier die einzelnen Tierteile dressieren. Bei 170° C ca. 15–20 min backen. Teile mit Schokolade zusammensetzen und mit Marzipan und Schokolade ausfertigen.

Malakofftorte, Malakoffwürfel

ZUTATEN FÜR EINE TORTE

BISKOTTEN:

6 Eiweiß
9 dag Zucker
6 Dotter
12 dag Mehl
Salz
Vanillezucker
Zitronenabgeriebenes

CREME:

Buttercreme siehe Rezeptregister

8 dag weiße geriebene Mandeln
Weinbrand

BISKOTTENTRÄNKE:

Milch
Weinbrand
Zucker

Obers zum Garnieren

HERSTELLUNG

BISKOTTEN:
Eiweiß mit Zucker zu Schnee schlagen. Dotter und Geschmackszutaten schaumig rühren, Schnee unterziehen und Mehl einmelieren. Biskotten auf Papier dressieren, mit Staubzucker leicht besieben und bei 200° C etwa 15–20 min backen.

MALAKOFFTORTE:
Buttercreme mit Mandeln und Weinbrand abschmecken. Milch, Zucker und Weinbrand zu einer Tränke vermischen. Tortenform abwechselnd mit Creme und getränkten Biskotten abdecken. Torte kühl stellen, aus der Form stürzen und mit Schlagobers und Biskotten garnieren.

MALAKOFFWÜRFEL:
Statt Tortenform eine rechteckige Form verwenden und vor dem Garnieren Würfel schneiden.

Mandelbäckerei

ZUTATEN

20 dag Rohmarzipan
5 dag Staubzucker
1,5 dag Butter
1 dag Mehl
Eiweiß nach Bedarf

DEKOR:

kandierte Kirschen
kandierte Orangenschalen
kandierte Angelika
7 dag Zucker zum Abglänzen

HERSTELLUNG

Rohmarzipan, Staubzucker, zerlassene Butter und Mehl vermischen und mit Eiweiß verdünnen bis die Masse dressierfähig wird. Mit Sternröhrchen auf Backpapier beliebige Formen dressieren, mit kandierten Früchten garnieren und bei 210° C ca. 10 min goldbraun backen. Mit Fadenzucker abglänzen.

Mandelkipferl Pignolikipferl

ZUTATEN FÜR
10 STÜCK

25 dag Rohmarzipan
12 dag Staubzucker
4 dag Mehl
Eiweiß nach Bedarf

Wahlweise:

gehobelte Mandeln
Pignoli
Gummi Arabicum

HERSTELLUNG

Rohmarzipan, Staubzucker und Mehl mit gerade soviel Eiweiß aufrühren, daß eine zähe Masse entsteht, in zehn Rollen teilen, wahlweise in Mandeln oder Pignoli wälzen und Kipferl formen. Bei 200° C goldgelb backen und mit Gummi Arabicum abglänzen.

Mandeltüte

ZUTATEN FÜR CA. 10 STÜCK

MANDELBACKMASSE:

10 dag Rohmarzipan
5 dag Staubzucker
1,7 dag Mehl
etwas Eiweiß

Parisercreme:
siehe Rezeptregister

Schokolade für Überzug

HERSTELLUNG

Rohmarzipan mit Staubzucker und etwas Eiweiß schaumig rühren, Mehl unterziehen und dann mit Eiweiß so verdünnen, daß eine streichfähige Masse entsteht.
Mandelmasse in Form von ca. 12 cm großen Kreisflächen dünn (2 mm) auf Backblech streichen und goldgelb bei 200° C backen. Heiße Scheiben mit einer Spachtel abheben und in Form von Tüten auskühlen lassen. Mandeltüten mit Parisercreme füllen und offenen Teil dünn mit Schokolade überziehen.

Maroniherzen

ZUTATEN

25 dag passierte, gekochte Edelkastanien
5 dag Staubzucker
Schokolade zum Überziehen

HERSTELLUNG

Frische Edelkastanien mit der Schale in Wasser kochen bis die Frucht weich ist. Noch heiß auslösen und die Früchte passieren. 25 dag passierte Kastanien mit etwa 5 dag Staubzucker vermischen, daß eine modellierbare Masse entsteht. Diese auskühlen lassen, in ca. 1,5 dag schwere Teile teilen und herzförmig formen. Herzen auf Spieße stecken und mit der Spitze nach unten in temperierter Schokolade tunken.

Marzipankartoffel

ZUTATEN FÜR 15 STÜCK

Indianerbiskuitmasse: siehe Rezeptregister

FÜLLUNG:

20 dag Obers
20 dag Schokolade

ÜBERZUG:

Marzipan
Kakao
Staubzucker

HERSTELLUNG:

Aus zerkleinerter Schokolade und flüssigem Obers unter ständigem Rühren eine Parisercreme kochen, im Wasserbad abkühlen und vor dem Erstarren aufrühren.
Die gebackenen Biskuithalbkugeln aushöhlen, mit Creme füllen, zusammensetzen und gut kühlen.
Marzipan ca. 4 mm stark ausrollen, in 12 × 12 cm große Quadrate schneiden, gefüllte Biskuitkugeln mit Rumläuterzucker tränken, aufsetzen und umhüllen. Sofort in gesiebtem Kakao wälzen, einschneiden und leicht anzuckern.

Marzipantiere

ZUTATEN MODELLIERMARZIPAN:

25 dag Rohmarzipan
20 dag Staubzucker
2 dag Stärkesirup

Eiweiß zum Zusammensetzen

DEKOR:

Lebensmittelfarben
Schokolade
Eiweißspritzglasur siehe Rezeptregister

HERSTELLUNG

Rohmarzipan, Staubzucker und Stärkesirup zu Modelliermarzipan mischen. Einzelne Teile der Marzipantiere formen, mit etwas Eiweiß zusammensetzen und mit Lebensmittelfarben, Schokolade und Eiweißspritzglasur ausfertigen.

Moccakrapfen

ZUTATEN FÜR 15 STÜCK

Indianerbiskuitmasse: siehe Rezeptregister

FÜLLUNG:

0,5 l Obers
5 dag Staubzucker
1 Dotter
2 Blatt Gelatine
Löskaffee
etwas Wasser

ÜBERZUG:

Marillenmarmelade
Fondant
Löskaffee
etwas Wasser

HERSTELLUNG

Fondant mit in Wasser aufgelöstem Löskaffee abschmecken.
Die gebackenen Biskuithalbkugeln aushöhlen, außen mit aufgekochter Marillenmarmelade bestreichen und mit Fondant überziehen.
Gelatine in wenig Wasser einweichen, ausdrücken und erwärmen. Dotter, Zucker sowie den in ganz wenig Wasser aufgelösten Löskaffee verrühren und unter das geschlagene Obers heben, die flüssige Gelatine vorsichtig unterziehen.
Je zwei glacierte Biskuithalbkugeln mit Kaffeeoberscreme füllen und garnieren.

Mohnschnitten Mohn-Apfelschnitten

ZUTATEN

Linzerteig siehe Rezeptregister

Linzermasse siehe Rezeptregister

MOHNFÜLLE:

30 dag Milch
40 dag Mohn
10 dag Rosinen
20 dag Zucker
20 dag Powidl
Zitronenabgeriebenes
Vanillezucker
Salz, Zimt
Ei zum Bestreichen

HERSTELLUNG

MOHNFÜLLE:

Milch aufkochen, übrige Zutaten einrühren und sehr heiß abrösten.

MOHNSCHNITTEN:

Rechteckige Kuchenform mit 4 mm dünn ausgerolltem Linzerteig auslegen, mit Gabel stupfen und bei 170° C 8 min halb backen. Mohnfülle auftragen, auskühlen lassen, Linzermasse gitterförmig aufdressieren, mit Ei bestreichen und bei 190° C ca. 25–30 min backen.

MOHN-APFEL-SCHNITTEN:

Herstellung wie Mohnschnitten, jedoch in die Fülle Apfelspalten einlegen. Etwas länger backen.

Neue Torte

ZUTATEN
Dobosbiskuit siehe Rezeptregister

CREME:

40 dag Obers
10 dag Staubzucker
10 dag Ribiselmark
5 dag Ribisellikör
6 Blatt Gelatine
Marzipan zum Überziehen

HERSTELLUNG

DOBOSBISKUIT:
Dobosmasse dreieckig auf Backpapier streichen und bei 210° C ca. 10 min backen.

CREME:
Gelatine einweichen, ausdrücken, mit Ribiselmark auf 60° C erhitzen und zusammen mit dem Staubzucker und Ribisellikör unter das geschlagene Obers rühren.

TORTE:
Dobosböden mit Creme zusammensetzen, verstreichen und gut kühlen. Mit Marzipan dekorieren.

Nußbeugel

ZUTATEN FÜR CA. 14 STÜCK

BEUGELTEIG:

25 dag Mehl
10 dag Butter
3 dag Staubzucker
1,5 dag Germ
1 Dotter
ca. 1/16 l Milch
Vanillezucker
Zitronenabgeriebenes
Salz

FÜLLE:

25 dag geriebene Walnüsse
9 dag Staubzucker
3 dag Butter
1/8 l Milch
7 dag Brösel (Biskuit)
Vanillezucker
Zitronenabgeriebenes
Zimt, Rum

EISTREICH:

1 Dotter mit etwas Eiweiß

HERSTELLUNG

Für Fülle Milch, Butter, Zucker und Geschmackszutaten aufkochen, Nüsse und Brösel einrühren und abrösten.
Teigzutaten zusammenkneten und halbe Stunde rasten lassen, in 14 Teile teilen und ovale Teigstücke ausrollen. Nußfülle aufdressieren, Teigstücke zusammenlegen und Beugel formen. Mit Ei bestreichen, halbe Stunde an einem kühlen Ort trocknen lassen, nochmals mit Ei bestreichen und bei 200° C ca. 15 min backen.

Nußkugel

ZUTATEN FÜR 20 STÜCK

15 dag Rohmarzipan
10 dag Staubzucker
5 dag geriebene Walnüsse
2 dag Rum
Schokolade zum Überziehen
Walnüsse zum Belegen

HERSTELLUNG

Alle Zutaten zu einer Nußmasse mischen, in 20 Stücke teilen und Kugeln formen.
Mit Schokolade überziehen und gleich mit einer halben Walnuß belegen.

Nußtorte

ZUTATEN FÜR EINE TORTE

MASSE:

21 dag Eiweiß (7 Stk.)
11 dag Zucker
14 dag Dotter (7 Stk.)
2 dag Wasser
3 dag Rum
Vanillezucker
Prise Salz
Zitronenabgeriebenes
8 dag Brösel
12 dag geriebene Walnüsse
4 dag Mehl

BUTTERCREME:

16 dag Milch
3,5 dag Zucker
2 dag Cremepulver
1 Dotter
Vanillezucker
Prise Salz, etwas Rum
25 dag Butter
4 dag Staubzucker

NUSSCREME:

Buttercreme mit 5 dag geriebenen Walnüssen aufrühren. Mit etwas Rum abschmecken.

DEKOR:

Cremerosetten
geriebene, geröstete Nüsse
in Schokolade getunkte Walnüsse

HERSTELLUNG

MASSE:

Aus Eiweiß und einem Teil des Zuckers Schnee schlagen. Dotter, Zucker, Rum, Wasser und Geschmackszutaten schaumig rühren, Schnee unterziehen, Nüsse, Brösel und Mehl einmelieren.
In Tortenform füllen, bei 160° C ca. 40 min backen.

TRÄNKE:

Rumläuterzucker

BUTTERCREME:

Cremepulver mit etwas Zucker vermischen, mit wenig Milch und Dotter verrühren.
Restliche Milch mit Zucker und Geschmackszutaten aufkochen, kurz aufwallen lassen und unter ständigem Rühren abkühlen. Butter und Staubzucker unter kleinweiser Beigabe der Vanillecreme schaumig rühren.

NUSSTORTE:

Für Nußtorte geriebene Walnüsse in die Creme rühren. Gebackene Nußmasse zweimal durchschneiden, Rumläuterzucker tränken und mit Nußcreme füllen.
Mit gerösteten Nüssen einstreuen und mit Cremerosetten und halbgetunkten Belegnüssen ausfertigen.

Orangette

ZUTATEN

Orangenschalen
Zucker
Sirup
Schokolade

HERSTELLUNG

Ungespritzte Orangenschalen von weißer Innenschicht befreien, dann einen Tag in kaltem Wasser auslaugen. Zucker in Wasser auflösen und auf 20 Zuckergrade (Zukkerwaage) kochen. Orangenschalen blanchieren und mit Zuckerlösung übergießen. Einen Tag stehenlassen, Zuckerlösung abseihen und weiter auf 24 Zuckergrade kochen. Danach Orangenschalen erneut übergießen, einen Tag stehen lassen. Vorgang mit 28, 32 und 36 Zuckergraden wiederholen, wobei bei 32 Zukkergraden ca. 30% Sirup beigegeben werden. Fertige Dickzucker-Orangenschalen in Gläser geben und mit 36%iger Zuckerlösung übergießen und verschließen.
Zur Herstellung von Orangette Orangenschalen gut abtropfen lassen, in Streifen schneiden und mit Schokolade überziehen.

Osterbrot

ZUTATEN FÜR 3 STÜCK

DAMPFL:

8 dag Milch
1,5 dag Germ
40 dag Mehl

HAUPTTEIG:

1 Ei
6 dag Milch
14 dag Butter
3 dag Staubzucker
2 dag Rum
Zitronenabgeriebenes
Vanillezucker
Salz
2 dag Zitronat
2 dag Arancini
15 dag Rosinen
3 dag gehackte, weiße Mandeln
Dotter zum Bestreichen

HERSTELLUNG

Am Vortag aus Milch, Germ und Mehl ein Dampfl herstellen und gehenlassen, bis sich in den Rissen Blasen bilden. Butter, Staubzucker und Geschmackszutaten schaumig rühren, mit Dampfl zu einem festen Teig kneten und Früchte untermischen. Eine halbe Stunde rasten lassen, Teig in drei Kugeln schleifen, auf Backblech setzen und ca. 1 Stunde garen lassen. Dick mit Dotter bestreichen, trocknen lassen und sternförmig einschneiden. Bei 180° C ca. 35 min backen.

Osterpinze

ZUTATEN FÜR 3 STÜCK

DAMPFL:

8 dag Milch
3 dag Germ
4 Dotter
22 dag Mehl

HAUPTTEIG:

11 dag Butter
7 dag Staubzucker
Zitronenabgeriebenes
Salz, Muskat
10 dag Wein
26 dag Mehl
Dotter zum Bestreichen

HERSTELLUNG

Am Vortag aus Milch, Germ, Dotter und Mehl ein kaltes Dampfl herstellen und kühl lagern.
Butter, Staubzucker und Geschmackszutaten schaumig rühren und mit Dampfl, Mehl und Wein zu einem festen Teig kneten. Eine halbe Stunde rasten lassen, Teig in drei Kugeln schleifen, auf Backblech setzen und ca. 1 Stunde garen lassen. Dick mit Dotter bestreichen, trocknen lassen und sternförmig einschneiden. Bei 180° C ca. 35 min backen.

Pariserspitz

ZUTATEN FÜR CA. 15 STÜCK

MÜRBTEIG:

3 dag Zucker
6 dag Butter
8 dag Mehl
1 dag Kakao

PARISERCREME:

25 dag Obers
25 dag Schokolade
Schokolade zum Überziehen

HERSTELLUNG

Teigzutaten zu Mürbteig verarbeiten, Plätzchen ausstechen und bei 170° C backen.
Aus Obers und Schokolade unter ständigem Rühren Parisercreme kochen, abkühlen und vor dem Erstarren schaumig rühren. Auf Mürbteigplätzchen kegelförmige Spitze dressieren und mit Schokolade überziehen.

Pastetenhaus

ZUTATEN

Butterteig siehe Rezeptregister

FÜLLE:

20 dag Gänseleber
60 dag Schinken
20 dag Milch
5 dag Butter
ca. 8 dag Mehl
Salz, Muskat, Pfeffer
2 Dotter
25 dag Obers
25 dag Aspik
Ei zum Bestreichen

HERSTELLUNG

BUTTERTEIGKUPPEL:

Aus etwa 1 cm breiten Backpapierstreifen eine Kuppel mit einem Durchmesser von 19 cm formen. Butterteig ca. 3 mm dick ausrollen, Grundfläche mit 22 cm Durchmesser ausstechen, Papierkuppel auflegen und vorstehenden Teigrand mit Ei bestreichen. Teig um die Kuppel legen und gut an die Grundfläche andrücken. Überstehenden Teig abschneiden und daraus den Dekor ausstechen. Auf der Kuppeloberseite ein ca. 3 cm großes Loch schneiden. Teigkuppel mit Ei bestreichen, Dekor aufsetzen, rasten lassen und bei 210° C, fallend auf 180° C, ca. 30 min backen. Nach dem Auskühlen Papierstreifen vorsichtig durch die Öffnung entfernen.

FÜLLE:

Aus Milch, Butter und Mehl Bechamel kochen, mit passierter gebratener Gänseleber, passiertem gekochten Schinken, Dottern und Gewürzen vermischen und zusammen mit aufgelöstem Aspik unter das geschlagene Obers ziehen.

PASTETENHAUS:

Butterteigkuppel mit Gänselebermousse füllen und einige Stunden gut kühlen. Öffnung mit Aspik verschließen.

Petite four

ZUTATEN

wahlweise
Biskuitfleck siehe Rezeptregister

oder
Sachermasse siehe Rezeptregister

oder
Nußmasse siehe Rezeptregister

Buttercreme siehe Rezeptregister

oder
Punschfülle siehe Rezeptregister

Marillenmarmelade und Fondant zum Glasieren

HERSTELLUNG

Biskuit-, Sacher- oder Nußmasse dünn auf Backpapier streichen und bei 210° C ca. 10 min backen. Nach dem Abkühlen Papier entfernen, Flecke in Teile schneiden und mit nach Wunsch abgeschmeckter Buttercreme oder Punschfülle zusammensetzen. Einige Stunden kühlen, Oberfläche mit heißer Marillenmarmelade überziehen, in kleine Dessertstücke schneiden bzw. ausstechen und mit abgeschmecktem eingefärbten Fondant überziehen. Mit Fondant, Schokolade oder Nüssen dekorieren.

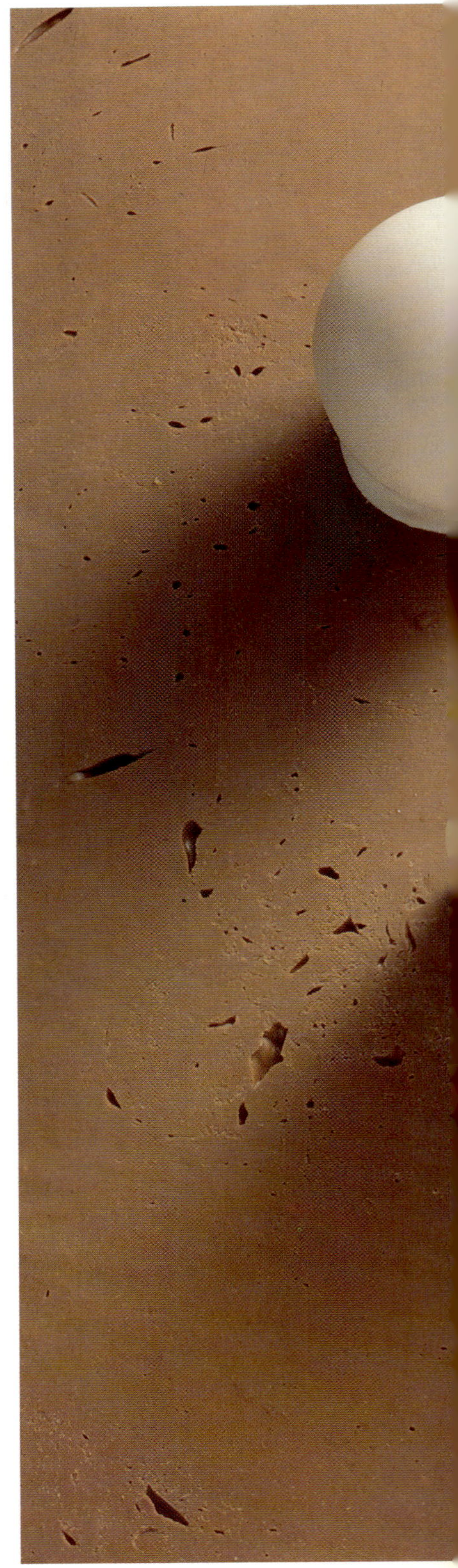

Plundergebäck

ZUTATEN FÜR 80 DAG TEIG:

1/8 l Milch
4 dag Germ
3 dag Staubzucker
1 Ei
Zitronenabgeriebenes
Vanillezucker
Salz
32 dag Mehl
25 dag Butter zum Einschlagen

HERSTELLUNG

Germ in Milch auflösen und zusammen mit den restlichen Zutaten zu einem kalten Teig mischen, Butter einschlagen und drei einfache Touren geben, bei jeder Tour eine Stunde kühl rasten lassen. Plunderteig 4 mm dick ausrollen und der gewünschten Sorte gemäß schneiden und füllen. Ca. eine Stunde bei 30° C garen lassen und bei 190° C ca. 20 min backen.

PLUNDERSCHNECKEN

Teigfläche mit zerlassener Butter bestreichen, mit 12 dag gehackten Nüssen, 12 dag Zucker, Zimt und 5 dag Rosinen bestreuen, fest einrollen, in 2 cm dicke Scheiben schneiden und flach auf Backblech gelegt backen.

PLUNDERKIPFERL

Teig in Dreiecke schneiden, an der Basis ein Stück Rohmarzipan mit feingehackten Arancini auflegen, von der Basis zur Spitze einrollen und Kipferl formen, backen und mit Marmelade und Fondant glasieren.

PLUNDERSTERNCHEN

10 × 10 cm große Stücke schneiden, Tupf backfähige Marmelade aufdressieren, Teigecken zur Mitte hin 3 cm einschneiden, die Enden mit Ei bestreichen und sternförmig übereinanderschlagen. Nach dem Backen mit Marmelade und Fondant glasieren.

MOHN-APFEL-PLUNDER

10 × 10 cm große Stücke schneiden, Mohnfülle (siehe Rezeptregister) aufdressieren, Apfelspalten auflegen, die freien Ecken mit Ei bestreichen und übereinanderschlagen. Nach dem Backen mit Marmelade und Fondant glasieren.

MARILLENPLUNDER

10 × 10 cm große Stücke schneiden, diagonal Vanillecreme aufdressieren, mit halben Kompottmarillen belegen, zwei Ecken mit Ei bestreichen und übereinanderklappen. Nach dem Backen mit Marmelade und Fondant glasieren.

Punschkrapfen

ZUTATEN
Biskuitfleck siehe Rezeptregister

PUNSCHFÜLLE:
Biskuittorte siehe Rezeptregister

Rum
10 dag Marillenmarmelade
3 dag Haselnußmark
5 dag Schokolade

Marillenmarmelade
Fondant

HERSTELLUNG

PUNSCHFÜLLE:
Biskuittorte in kleine Würfel schneiden, mit verdünntem gezuckerten Rum tränken und ziehen lassen. Aufgelöste Schokolade und Haselnußmark unterziehen und mit Marillenmarmelade binden.

PUNSCHKRAPFEN:
Biskuitfleck in zwei gleichgroße Teile schneiden, einen Teil mit Marillenmarmelade bestreichen, in rechteckige Form einlegen, mit Punschfülle auffüllen, zweiten Teil aufsetzen und leicht gepreßt kühlen. Oberseite mit Marillenmarmelade bestreichen, Stücke schneiden und mit rosa Fondant glasieren.

Rehrücken

ZUTATEN

6 Eiweiß
10 dag Zucker
13 dag Butter
6 dag Staubzucker
6 Dotter
10 dag Schokolade
12 dag geriebene Mandeln
9 dag Biskuitbrösel
Vanillezucker
Salz
20 dag Marillenmarmelade
30 dag Schokolade
etwas Butter
10 dag gestiftelte Mandeln

HERSTELLUNG

Eiweiß und Zucker zu Schnee schlagen. Butter, Staubzucker und Geschmackszutaten unter kleinweiser Zugabe der Dotter schaumig rühren, aufgelöste Schokolade und Schnee unterziehen und Mandeln sowie Biskuitbrösel einmelieren. In gebutterter, gestaubter Rehrückenform bei 180° C ca. 60 min backen.
Nach dem Auskühlen stürzen, einmal mit Marmelade füllen und außen aprikotieren. Aufgelöste Schokolade mit etwas zerlassener Butter vermengen, Rehrücken überziehen und mit Mandeln garnieren.

Rosenkrapfen

ZUTATEN FÜR 18–20 STÜCK:

4 Eiweiß
4 Dotter
8 dag Staubzucker
5 dag geriebene Mandeln
Prise Salz
2 Tropfen Bittermandelöl
2 Messerspitzen Backpulver
Vanillezucker
Mehl nach Bedarf
Staubzucker
Marmelade

HERSTELLUNG

Eiweiß mit Zucker schlagen und dann daraus mit den restlichen Zutaten sowie Mehl einen Teig kneten. 2 mm stark ausrollen, kurz rasten lassen und in Form vierblättriger Kleeblätter ausstechen. Je vier von diesen übereinanderlegen und in der Mitte zusammendrücken. In Frittierfett goldgelb ausbacken. Anzuckern und mit einem Tupf Marmelade garnieren.

Sachertorte

ZUTATEN FÜR EINE TORTE

17 dag Eiweiß (ca. 6 Stk.)
10 dag Zucker
10 dag Butter
10 dag Staubzucker
10 dag Dotter (ca. 6 Stk.)
10 dag Schokolade
12 dag Mehl
Salz, Rum
Vanillezucker
Zitronenabgeriebenes

Marillenmarmelade zum Füllen

Schokoladefondant zum Glasieren

HERSTELLUNG

SACHERMASSE:
Eiweiß mit Zucker zu Schnee schlagen.
Butter, Staubzucker und Geschmackszutaten unter Zugabe der Dotter schaumig rühren, aufgelöste Schokolade einrühren, Schnee unterziehen und Mehl einmelieren. In gebutterter Tortenform ca. 50 min bei 170° C backen.

SACHERTORTE:
Sachermasse einmal mit Marillenmarmelade füllen, mit aufgekochter Marmelade aprikotieren und mit Schokoladefondant glasieren.
Am besten mit geschlagenem Obers servieren.

Salzbäckerei mit Sesam

ZUTATEN FÜR CA. 1 KG

BUTTERTEIG (BLÄTTERTEIG):

50 dag Mehl
25 dag Wasser
4 dag Butter
1,5 dag Salz
2 dag Rum
50 dag Butter
3 dag Mehl

ZUM BESTREUEN:

Ei
3 dag Sesam
Kümmel, Salz

HERSTELLUNG:

BUTTERTEIG (BLÄTTERTEIG):
Aus 50 dag Butter und 3 dag Mehl Butterziegel kneten und kühlstellen. Restliche Zutaten zu Grundteig kneten, Fett einschlagen, zwei einfache und zwei doppelte Touren geben. Zwischen den Touren kühlstellen und rasten lassen.

FÜR SALZBÄCKEREI:
Butterteig ca. 2,5 mm ausrollen, auf Blech legen, 10 min rasten lassen, in Stücke schneiden, mit Ei bestreichen, mit Sesam und Gewürzen bestreuen. Bei 220° C anbacken und fallend auf 180° C ausbacken.

Schokomandeln

ZUTATEN

50 dag Mandeln
10 dag Zucker
75 dag Schokolade
Kakao

HERSTELLUNG

Zucker im Kessel zu Karamel schmelzen, geröstete heiße Mandeln unter ständigem Rühren dazugeben, sofort auf einer Marmorplatte vereinzeln und auskühlen lassen. Karamelisierte Mandeln mit temperierter Schokolade dragieren und in Kakao wälzen.

Schwarzwälder-Kirschtorte

ZUTATEN
Sacherböden siehe Rezeptregister

ABGEZOGENE WEICHSELN:

25 dag Kompottweichseln
3 dag Weizenstärke

SCHOKOBERS:

18 dag Obers
10 dag Schokolade

KIRSCHOBERS:

27 dag Obers
2 dag Staubzucker
4 dag Kirschwasser
3 Blatt Gelatine

PARISERCREME:

5 dag Obers
5 dag Schokolade

Obers und Schokospäne zum Garnieren

HERSTELLUNG

ABGEZOGENE WEICHSELN:
Weizenstärke in etwas Wasser glattrühren. Kompottsaft aufkochen, Stärke einrühren, kurz aufwallen lassen und Kompottfrüchte einrühren.

SCHOKOBERS:
Schokolade im Wasserbad auflösen und mit ca. 32° C unter das geschlagene Obers ziehen.

KIRSCHOBERS:
Gelatine in kaltem Wasser einweichen, ausdrücken und erwärmen. Obers mit Staubzucker schlagen, Kirschwasser und heiße Gelatine unterrühren.

SCHWARZWÄLDER-KIRSCHTORTE:
Aus 5 dag Obers und 5 dag Schokolade eine Parisercreme kochen. Sacherboden in Tortenform einlegen, mit Parisercreme dünn bestreichen und einen Rand dressieren. Innenfläche mit abgezogenen Weichseln ausfüllen. Darüber je eine Schichte Schokobers und Kirschobers streichen, mit Sacherboden abdecken, mit Weichselsaft tränken und gut kühlen. Aus der Tortenform schneiden, mit Schlagobers einstreichen und mit Schokospänen und Weichseln garnieren.

Soufflee-Schiffchen

ZUTATEN

SOUFFLEEMASSE:

13 dag Eiweiß
12 dag Zucker
13 dag geriebene Haselnüsse
3 dag Mehl
2 dag Butter

CREME:

Buttercreme siehe Rezeptregister

10 dag Haselnußmark

gehobelte und ganze Mandeln zum Dekorieren

HERSTELLUNG

SOUFFLEEMASSE:
Eiweiß und Zucker zu Schnee schlagen, Haselnüsse, Mehl und zerlassene Butter unterziehen und mit Hilfe einer Schablone dünne schiffchenförmige Böden auf Backpapier streichen. Bei 210° C ca. 10 min backen.

CREME:
Buttercreme mit Haselnußmark abschmecken.

SOUFFLEE-SCHIFFCHEN:
Je drei Souffleeböden mit Haselnußbuttercreme zusammensetzen und mit gehobelten und ganzen Mandeln dekorieren.

Stefanietorte

ZUTATEN FÜR EINE TORTE

BÖDEN:

16 dag Eiweiß (ca. 5 Stk.)
30 dag Zucker
4 dag Maisstärke
4 dag geriebene, geröstete Haselnüsse
3 dag geriebene Mandeln

CREME:

0,5 l Obers
8 dag geriebene, geröstete Haselnüsse
20 dag Schokolade

Schokospäne zum Garnieren

HERSTELLUNG

BÖDEN:
Eiweiß und Zucker warm und kalt aufschlagen, Maisstärke, Haselnüsse und Mandeln unterziehen, auf Papier mehrere flache Tortenböden aufstreichen und bei 65° C backen.

STEFANIETORTE:
Obers schlagen, aufgelöste Schokolade einrühren. Stefanieböden abwechselnd mit Schokoberscreme zusammensetzen, Torte einstreichen und mit Schokospänen einstreuen.
Vor dem Aufschneiden sehr gut kühlen.

Teegebäck

MÜRBE MANDEL-SCHNITTEN

ZUTATEN:

MANDELMÜRBTEIG:

4 dag Staubzucker
10 dag Butter
3 dag geriebene Mandeln
9 dag Mehl
1 Dotter
Salz
Vanillezucker
Zitronenabgeriebenes
Mandelbackmasse siehe Rezeptregister

QUITTENGELEE:

10 dag Quittenmark
10 dag Zucker

HERSTELLUNG

Teigzutaten mischen, rasten lassen, dünn ausrollen, in ca. 3 cm breite Streifen schneiden und bei 170° C ca. 8 min halb backen.
Feste Mandelbackmasse der Länge nach links und rechts mit Sternröhrchen auf die halbgebackenen Mürbteigstreifen dressieren und bei 190° C ca. 10 min fertig backen.
Quittenmark mit Zucker bis zur Gelierprobe kochen und die noch heißen Streifen in der Mitte ausfüllen. Nach dem Erstarren des Gelees die Streifen in kleine Stücke schneiden.

SCHOKOSCHNITTEN

ZUTATEN

12 dag Butter
3 Eier
23 dag Staubzucker
23 dag geriebene geröstete Haselnüsse
8 dag Mehl
4 dag aufgelöste Schokolade
Vanillezucker
Salz
Zitronenabgeriebenes
20 dag Ribiselmarmelade
Schokolade zum Glasieren

HERSTELLUNG

Butter mit Staubzucker schaumig rühren, Eier nach und nach beigeben, restliche Zutaten einrühren, auf Backpapier ca. 10 mm dick aufstreichen und bei 200° C ca. 10–12 min saftig backen. Noch warm in zwei Hälften schneiden und mit heißer Ribiselmarmelade zusammensetzen. Über Nacht durchziehen lassen, mit Schokolade bestreichen und wellenartig kämmen. Anschließend in kleine Schnitten schneiden.

HONIG-MANDEL-SCHNITTEN

ZUTATEN

Himbeermarmelade

HONIG-MANDEL-MASSE:

8 dag Honig
7 dag Zucker
1 Eiweiß
2 dag Obers
2 dag Mehl
10 dag gehobelte Mandeln

HERSTELLUNG

Mandelmürbteig ca. 4 mm auf Backblech ausrollen, bei 170° C ca. 8 min halb backen.
Honig, Zucker, Eiweiß und Obers vermischen, auf 85° C erhitzen, Mehl und Mandeln einrühren.
Halbgebackenen Mürbteig mit Himbeermarmelade bestreichen, Honig-Mandelmasse ca. 10 mm dick auftragen und bei 180° C ca. 15 min goldbraun backen. Nach dem Auskühlen in kleine Schnitten schneiden.

Teekipferl

ZUTATEN FÜR 16 STÜCK

18 dag Butter
36 dag Staubzucker
5 dag Rum
4 Eier
25 dag geriebene Haselnüsse
25 dag geriebene Walnüsse
52 dag Mehl
5 dag Kakao
Vanillezucker
Salz
Zitronenabgeriebenes
20 dag Marillenmarmelade
25 dag Schokolade

HERSTELLUNG

Butter, Zucker, Rum und Geschmackszutaten schaumig rühren, Eier und Haselnüsse kleinweise beigeben, Mehl, Walnüsse und Kakao einrühren.
Mit grobem Sternröhrchen große Kipferl auf Backpapier dressieren, bei 200° C ca. 20 min backen, nach dem Auskühlen mit Marmelade doublieren und die Enden mit Schokolade tunken.

Topfen-Obers-Roulade

ZUTATEN

ROULADENBISKUIT:

7 Eiweiß
12 dag Zucker
7 Dotter
14 dag Mehl
Vanillezucker
Zitronenabgeriebenes
Salz

CREME:

1/8 l Joghurt
3 Dotter
20 dag Topfen (20%)
Zitronenabgeriebenes
Salz
3 Eiweiß
8 dag Zucker
20 dag Obers
35 dag Früchte
6 Blatt Gelatine

HERSTELLUNG

ROULADENBISKUIT:

Eiweiß mit etwas Zucker zu Schnee schlagen. Dotter mit restlichem Zucker und Geschmackszutaten schaumig rühren, Schnee unterziehen und Mehl einmelieren.

CREME:

Eiweiß und Zucker zu Schnee schlagen.
Gelatine in kaltem Wasser einweichen, ausdrücken und erwärmen. Dotter, Joghurt und Topfen glattrühren, Gelatine heiß unterziehen, Schnee einrühren und Creme unter das geschlagene Obers heben.
Masse 7 mm auf Backpapier streichen und bei 240° C ca. 10–12 min backen. Sofort nach dem Backen gestürzt auf mit Kristallzucker bestreutes Papier legen, auskühlen lassen und Papier abziehen.

TOPFEN-OBERS-ROULADE:

Rouladenbiskuit mit Creme bestreichen, Früchte einlegen, einrollen und gut kühlen.
Vor dem Servieren mit heißem Messer schneiden.

Topfenoberstorte

ZUTATEN
Biskuitboden siehe Rezeptregister

TOPFENOBERSCREME:

0,4 l Obers
8 dag Zucker
20 dag Topfen 20%
2 Dotter
Zitronenabgeriebenes
Vanillezucker
8 Blatt Gelatine

TORTENOBERFLÄCHE:
Rouladenbiskuit siehe Rezeptregister

Marillenmarmelade

HERSTELLUNG

TOPFENOBERSCREME:
Gelatine in Wasser einweichen, ausdrücken und erwärmen. Topfen, Zucker, Dotter und Geschmackszutaten schaumigrühren. Gelöste Gelatine heiß unter den Topfenabtrieb rühren und unter das geschlagene Obers ziehen.

TOPFENOBERSTORTE:
Tortenform mit Biskuitboden auslegen, Topfenoberscreme einfüllen, glattstreichen und kühlen. Rouladenbiskuit dünn mit Marmelade bestreichen, in gleichmäßig schmale Streifen schneiden und spiralförmig auf die Torte legen. Torte nochmals gut kühlen.
Vor dem Servieren mit heißem Messer schneiden.

Trüffelspitz

ZUTATEN FÜR CA. 25 STÜCK

9 dag Schokolade
9 dag Obers
18 dag Schokolade
10 dag Haselnußmark
5 dag Rum
Schokolade zum Glasieren

HERSTELLUNG

9 dag Schokolade und Obers aufkochen, vor dem Erstarren 18 dag aufgelöste Schokolade, Rum und Haselnußmark einrühren, kleine Spitze dressieren und mit Schokolade überziehen.

Trüffeltorte

ZUTATEN FÜR EINE TORTE
Sachermasse siehe Rezeptregister

PARISERCREME:

30 dag Obers
30 dag Schokolade

TRÄNKE:

Läuterzucker
Cognac

GLASUR:

15 dag Schokolade
8 dag Nougat
Schokoröllchen zum Garnieren

HERSTELLUNG
Sachermasse zweimal waagrecht durchschneiden. Aus Schlagobers und Schokolade eine Parisercreme kochen und abkühlen. Sacherböden tränken, mit aufgerührter Parisercreme zusammensetzen und ausfertigen. Mit Schokoröllchen garnieren.

Weihnachtsbäckerei

MAKRONENSTERN-CHEN

ZUTATEN

HASELNUSSMÜRBTEIG:

4 dag Staubzucker
9 dag Buttter
13 dag Mehl
5 dag geriebene Haselnüsse
1 Dotter
Zitronenabgeriebenes
Salz, Zimt

HASELNUSSMAKRONENMASSE:

10 dag geriebene Haselnüsse
10 dag Staubzucker
Eiweiß nach Bedarf

HERSTELLUNG

HASELNUSSMÜRBTEIG:
Alle Zutaten zu einem Teig mischen, rasten lassen, dünn ausrollen und Sternchen ausstechen. Bei 170° C ca. 8 min halb backen.

HASELNUSSMAKRONENMASSE:
Haselnüsse mit Staubzucker und Eiweiß verrühren, daß eine dressierfähige Masse entsteht.

MAKRONENSTERNCHEN:
Haselnußmakronenmasse auf die halbgebackenen Mürbteigsternchen dressieren und bei 170° C ca. 10 min fertig backen.

NUSS-STERNE

ZUTATEN:

12 dag Staubzucker
24 dag Butter
36 dag Mehl
5 dag geriebene Walnüsse
1 dag Kakao
1 Dotter
Orangenmarmelade
Walnüsse

HERSTELLUNG
Alle Zutaten zu einem Teig verarbeiten, rasten lassen, dünn ausrollen, Sterne ausstechen und bei 180° C ca. 12 min backen. Nach dem Auskühlen mit Marmelade doublieren und halbe Walnuß auflegen.

VANILLEKIPFERL:

ZUTATEN FÜR CA. 60 DAG

25 dag Mehl
20 dag Butter
8 dag Staubzucker
10 dag geriebene Mandeln
2 Dotter
Salz
Vanillezucker

HERSTELLUNG
Alle Zutaten zu einem Teig kneten und etwa eine Stunde kühl rasten lassen. Kleine Kipferl formen, auf Backblech setzen und bei 180° C ca. 12–15 min backen. Noch heiß in mit Vanille abgeschmecktem Staubzucker wälzen.

Wiener-Mädel-Torte

ZUTATEN FÜR ZWEI TORTEN

Dobosböden siehe Rezeptregister

CREME:

16 dag Milch
6 dag Zucker
2 dag Cremepulver
1 Dotter
Vanillezucker
0,5 l Obers
10 dag Eierlikör
Muskatblüte

GLASUR:

20 dag weiße Schokolade
20 dag Obers
1 Dotter
Pistazienkerne zum Garnieren.

HERSTELLUNG

CREME:

Zucker mit Cremepulver und wenig Milch, Vanillezucker und Dotter verrühren. Restliche Milch aufkochen, Cremepulvergemisch einrühren, aufwallen lassen und kaltrühren. Geschlagenes Obers unterziehen, mit Eierlikör und Muskatblüte abschmecken.

WIENER-MÄDEL-TORTE:

Je 3 Dobosböden mit Creme zusammensetzen, Torten verstreichen und kühlen. Obers und Dotter verrühren, auf 85° C erhitzen, zerkleinerte weiße Schokolade hinzufügen und kalt rühren. Vor dem Erstarren Torten glasieren und garnieren. Vor dem Aufschneiden gut kühlen.

Windbäckerei

ZUTATEN

5 Eiweiß
40 dag Zucker
Vanillezucker
Lebensmittelfarbe

HERSTELLUNG

35 dag Zucker mit Wasser zur Flugprobe kochen, gleichzeitig Eiweiß mit restlichem Zucker und Vanillezucker zu Schnee schlagen. Flugzucker langsam in den Schnee laufen lassen und kaltschlagen. Mit Sternröhrchen Ringe oder Figuren auf Papier dressieren und bei ca. 60° C etwa 12 Stunden trocknen.
Für die Erzeugung von Windfiguren sind mehrere Dressiervorgänge nötig, zwischen denen jedesmal getrocknet werden muß.

Kleines Fachlexikon

abflämmen	mit starker Hitze kurz anbräunen
abglänzen	mit dünnem Überzug Glanz geben
abschmecken	dosiertes Zugeben von geschmacksbildenden Zutaten
Arancini	kandierte Apfelsinen(Orangen)schalen
aufkochen	kurz zum Kochen bringen
ausstocken	ist das Festwerden (Erstarren) von Schokolade
blanchieren	kurz überbrühen
dag	Maßeinheit (1 dag = 10 Gramm)
doublieren	zwei Teile zusammensetzen
dressieren	Form geben (meist mit Dressier-Spritz-Sack)
einmelieren	vorsichtig unterrühren
einstreuen	bestreuen (meist den Rand einer Torte)
Fondant	Zuckerglasur
gehen lassen	garen, gären
Gelatine	als Blattware oder Pulver im Handel
Germ	Hefe
geröstet	gebraten, gebräunt
glasieren	dünnen, glänzenden Überzug herstellen
kalt schlagen	erhitzte Eimasse durch Aufschlagen abkühlen
Krapfen	kugelartiges Gebäck (meist aus Hefemasse)
Löscafé	löslicher Pulverkaffee
marinieren	Gerschmack geben durch Einlegen in Flüssigkeit
riffeln	aufprägen eines Musters
Sorbisan	im Handel erhältlich (Zuckeraustauschstoff)
stupfen	mit einer Gabel Löcher stechen
tunken	in aufgelöste Schokolade (Kouvertüre) tauchen
unterziehen	vorsichtig einrühren
warm schlagen	eine Eimasse aufschlagen und dabei erhitzen
Zucker zum Flug kochen	Zucker mit Wasser auf 115° C erhitzen

1 Stk.	ein Stück
min.	Minute(n)
000° C	000 Grad Celsius
1 Pkl.	ein Päckchen

Typisch Österreichische Ausdrücke

	Deutschland	Schweiz
Biskotten	Löffelbiskuit	
Brösel	Weckmehl	Paniermehl
Butterschmalz	durch Erhitzen hergestelltes reines Butterfett	
Dampfl	Hefestück	Vorteig
Dörrzwetschken	getrocknete Pflaumen/Zwetschken	
Dotter	Eigelb	
Erdbeermarmelade	Konfitüre aus Erdbeeren	
Grillage	Krokant	Nougat
Gugelhupf	Napfkuchen oder Topfkuchen	Gugelhopf
Indianer	Mohrenkopf	
Läuterzucker	mit Wasser aufgekochte Zuckerlösung	
Marillenmarmelade	Konfitüre aus Aprikosen	
Maroni	Edelkastanien	
Obers	Schlagsahne	Schlagrahm (crème fraîche)
Powidl	Pflaumenmus	
Quitten	Früchte des Quitten-Baumes (Quittenäpfel, Quittenbirnen)	
Quittenkäse		
Quittenmarmelade	Konfitüre aus Quittenfrüchten	
Ribiselmarmelade	Konfitüre aus Johannisbeeren	
Schnee	aufgeschlagenes Eiklar (Eiweiß)	
Semmelbrösel	Weckmehl	Paniermehl
Staubzucker	Puderzucker	Mehlzucker
Sternröhrchen	Sterntülle	
Weinbrandweichseln	in Weinbrand und Zucker eingelegte Weichseln (Sauerkirschen)	
Windbäckerei	Eiweißschaumgebäck, Meringue	

Rezeptregister

Rezeptnotizen

Rezeptnotizen

Rezeptnotizen

Rezeptnotizen